FORUM KULTUS

AF285764

Die Menschenweihehandlung der «Christengemeinschaft»

FORUM KULTUS

Arbeitsmaterial zur Kultus-Frage
REIHE
**DIE TEXTE DER SAKRAMENTE
CHRISTLICHER GEMEINSCHAFTEN / KIRCHEN :**

Arbeitsmaterial zur Kultus-Frage

FORUM KULTUS

ARBEITSMATERIAL ZUR KULTUS-FRAGE

Die Texte der Sakramente christlicher Gemeinschaften / Kirchen
Ausgabe 2 = Die Menschenweihehandlung
der «Christengemeinschaft»

FORUM KULTUS
DIE TEXTE DER SAKRAMENTE CHRISTLICHER GEMEINSCHAFTEN / KIRCHEN :
Ausgabe 1 = Die Opferfeier des Freien christlichen Impulses Rudolf Steiners
           (siehe auch Kultus-Handbuch «Die Sakramente...»)
Ausgabe 3 = Die Freie Eucharistie-Feier der Freien Sakramente um Noordendorp
Ausgabe 4 = Die Kultus-Texte des Poeppig-Kreises
Ausgabe 5 = Die Kultus-Texte des Memphis-Misraim Tempel-Dienstes
Ausgabe 6 = Die Messe der Römisch-Katholischen Kirche
Ausgabe 7 = Der Gottesdienst der Evangelisch-Lutherischen Kirche
Ausgabe 8 = Die Messe der Alt-Katholischen Kirche
Ausgabe 9 = Die Feier der ökumenischen Lima-Liturgie

Verschiedene Ausgaben z.Z. vergriffen; bitte ggf. nachfragen.

Zusammengestellt von Volker David Lambertz, Wahlwies

Förderkreis Forum Kultus
Initiative für ein freies, anthroposophisch + sakramental vertieftes
Christ-Sein heute

Quelle : U.a. GA 343 & 344 und Unterlagen/Angaben von CG-Priestern;
dennoch als Studienmaterial: Ohne Gewähr!
(Gerne erhalten wir ggf. Ihre Korrekturen und/oder Ergänzungen !)

Herstellung, Druck & Verlag
BOD-VERLAG, Books on Demand GmbH, Norderstedt
In de Tarpen 42, D-22848 Norderstedt / www.BoD.de

ISBN : 978-3-8423-7051-7

Johanni 2011

Die Sakramente

Der Text der
MENSCHENWEIHEHANDLUNG
der
«CHRISTENGEMEINSCHAFT»

mit den Episteln für die Jahreszeiten

Man muss sich nur im Klaren sein,
dass man über dies Thema
nicht streiten kann,
sondern man muss lernen,
Wesensunterschiede zu unterscheiden.

Alle Kultformen haben
ihre Berechtigung
und ihre Bedeutung,
und man kann daher jede
in der ihr gemäßen Form
und dem ihr zukommenden Rahmen
durchaus anerkennen.

Fred Poeppig

Arbeitsmaterial zur Kultus-Frage

INHALT

Liebe LeserInnen!

Die Veröffentlichung von Kultus-Texten ist eine kontroverse Angelegenheit, vor allem in der anthroposophischen Bewegung. Obwohl auch hier praktisch alle Kultus-Texte veröffentlicht sind *(Rudolf Steiner GA 342-345)*, wehrt sich die Kirche «Die Christengemeinschaft» - die sich auch zur anthroposophischen Bewegung zählt und die, entgegen dem Willen ihrer Begründer und Rudolf Steiners, real zur "Anthroposophen-Kirche" geworden ist - immer noch dagegen und verwehrt diese auch den eigenen Mitgliedern.

Diese Sakraments-Texte - wie im Prinzip alle - sind ein hohes, unschätzbar wertvolles, wahres und wirksames Gut. Gerade deshalb müssen sie aber dem Suchenden erreichbar sein, also letztlich veröffentlicht werden. Ihr Schutz ist nötig und möglich, aber schwieriger geworden. Er liegt aber - nicht nur unserer Ansicht nach - nicht in der Zurückhaltung der *gedruckten* Texte, sondern im nötigen Schwellenübertritt: in der Verwirklichungs- und Wandlungs-Kraft der Handlung selbst als Gemeinschafts-Tat, im Offenbar-Werden Seiner AnWesenheit, im ERleben der Vereinigung mit Ihm, letztlich in Seiner Gnade. Wem dieser Durchbruch zu dieser Realitätsebene nicht gelingt, dem bleibt auch der Text und selbst die Handlung nur unverständlicher "Schall und Rauch", sinn- und nutzlos und - missbräuchlich benutzt sogar - schädlich. Der wirk-liche Inhalt eröffnet sich also - weiterhin - nur dem Wahrhaftigen!

« Wie retten wir nun das uns anvertraute Gut?

Nicht, indem wir es vergraben und nur den Feinden die Gelegenheit geben, das damit zu tun, was sie tun wollen, sondern indem wir, vertrauend auf die guten geistigen Mächte, der neuen Generation die Möglichkeit geben, Anregungen in ihrer Seele zu empfangen, die das darin schlummernde geistige Licht aufleuchten lassen, die weckend in ihren Seelen das aufrufen, was Schicksalsmächte in sie hineingelegt haben. »

Denn: « Dieser Geist der Zeit verträgt nicht das äußere Geheimnis, während er ganz gut verträgt das innere Geheimnis. » *Marie Steiner, 4.1.1948, GA 270/I, S.XI.*

Möge uns die Beschäftigung mit dem Kultus IHN näher bringen ... Denn dieses Näherkommen ist ja letztlich Ziel aller kultischen Bemühungen.

Dabei muss ein jeder die speziell ihm gemäßen, möglichen und hilfreichen Wege finden .. wo auch immer...

Zur «Freiheit des Christenmenschen», um den eigenen Weg zu finden, gehört heute die Möglichkeit sich diesen - allen! - Texten öffentlicher Kirchen individuell verbinden zu können.

Selbstverständlich geht es hier nicht um eine "Gegnerschaft" gegenüber der «Christengemeinschaft»; das wird ja schon dadurch deutlich, dass wir in dieser Reihe die Texte verschiedener Gemeinschaften/Kirchen vorstellen.

Wenn Sie auch die Texte der anderen (insgesamt ja sieben) Sakramente der «Christengemeinschaft» suchen, finden Sie diese auch im Kultus-Handbuch «Die Sakramente...» des «Freien christlichen Impulses»; dessen Texte die «Christengemeinschaft» damals dann *auch* bekam und die fast gleichlautend sind.

Diese Zusammenstellung ist nicht die offizielle (nicht-öffentliche) der Kirche «Die Christengemeinschaft»; deshalb kann sie im Detail(!) auch noch Fehler enthalten.

Mögen die Texte Licht ins Dunkel der Zeit tragen...!

Volker David Lambertz
Forum Kultus – Wahlwies, Johanni 2011

Hinweis für Mitglieder der Kirche «Die Christengemeinschaft» :
Ihre Kirche möchte, dass die hier veröffentlichten Texte
von Ihnen nicht gelesen werden! Bitte beachten Sie dies ...

Ich nehme das Brot

und tue dies in des Herrn Namen,

rufend:

O Christe,

krank ist die Behausung,

in die Du eintrittst;

aber durch Dein Wort

wird meine Seele gesund.

Aus dem Kommunionsteil der Menschenweihehandlung

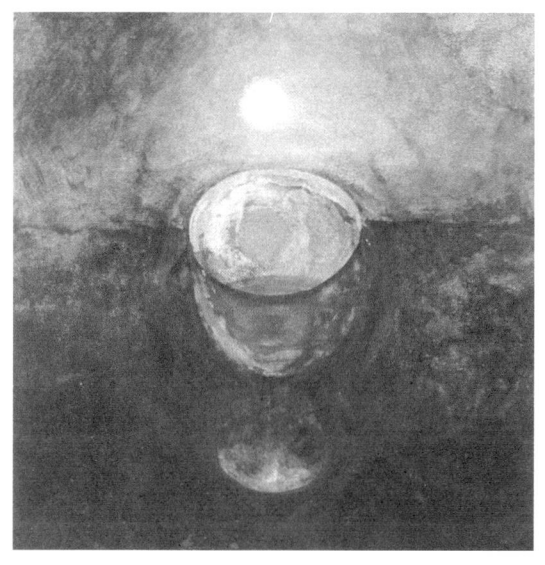

FORUM KULTUS

DIE MENSCHENWEIHEHANDLUNG

für «Die Christengemeinschaft»

Rudolf Steiner

Der linke Ministrant bringt einige Zeit vor Beginn ein Tablett mit einem Kännchen Wasser
und einem Kännchen Wein (Traubensaft) und das Räuchergefäß mit glühender Kohle und
ein Schälchen Weihrauchgranulat herein.
Beginn: Der linke Ministrant kommt herein und entzündet die Kerzen.
Danach verlässt er wieder den Raum.
Ministranten vorweg, der rechte mit dem Messbuch, der linke Ministrant mit einem
Glöckchen, der Priester mit zugedecktem Kelch, darauf die Brotschale kommen herein.
Der linke Ministrant läutet dabei dreimal mit der Glocke in seiner Hand.
Priester und Ministranten halten vor den Stufen des Altars inne.
Dort überreicht der Priester dem linken Ministranten das Barett.
Der Priester geht zum Altar hoch und stellt den Kelch in die Mitte,
geht die Stufen des Altars herab, und spricht vor dem Altar:

Lasset uns die Menschen-Weihehandlung
   würdig vollbringen,
aus der Offenbarung Christi,
in der Verehrung Christi,
in der Andacht an Christi Tat.

Bekreuzigung:

Der Vatergott sei in uns.
Der Sohnesgott schaffe in uns.
Der Geist-Gott erleuchte uns.

Der Priester - sich umwendend:

Christus in Euch.

Der rechte Ministrant:

Und Deinen Geist erfülle Er.

Der linke Ministrant bringt das Barett zur Ablage.
Der rechte geht zum Altar hoch und legt das Messbuch rechts außen ab.
Der Priester - auf der (vom Zelebrierenden) rechten Seite des Altars:

Der Vatergott sei in uns.
Der Sohnesgott schaffe in uns.
Der Geist-Gott erleuchte uns.

E P I S T E L

(Dieser Text wechselt entsprechend den Jahreszeiten
  - siehe GA 345, S. 76ff, → bzw. hier S. 31 ff !)

Im Bewusstsein unserer Menschheit
erfühlen wir den Göttlichen Vater.
Er ist in allem, was wir sind.
Unsere Substanz ist seine Substanz.
Unser Sein ist sein Sein.
Er geht in uns durch alles Dasein.

Im Erleben des Christus in unserer Menschheit
erfühlen wir den Göttlichen Sohn.
Er waltet als das Geistwort durch die Welt.
Er schafft in allem, was wir schaffen.
Unser Wesen ist sein Schaffen.
Unser Leben ist sein schaffendes Leben.
Er schafft durch uns in allem seelischen Schaffen.

Im Ergreifen des Geistes durch unsere Menschheit
erfühlen wir den heilenden Gott.
Er leuchte als das Geist-Licht durch die Welt.
Er leuchte in allem, was wir schauen.
Unser Schauen sei durchtränkt von seinem Geist-Lichte.
Unser Erkennen nehme Er wohlgefällig
in Sein geistleuchtendes Leben auf.
Er durchgeistige alles Walten unserer Menschenseele.

Christus in Euch.

Und Deinen Geist erfülle Er.

Das Messbuch wird vom rechten Ministranten auf die linke Seite des Altars gelegt.

Bekreuzigung:

Der Vatergott sei in uns.
Der Sohnesgott schaffe in uns.
Der Geist-Gott erleuchte uns.

E V A N G E L I U M

Mein Herz erfülle sich mit Deinem reinen Leben,
o Christus.
Meinen Lippen lasse Du entströmen
das durch Dich gereinigte Wort.
Denn, wenn Deine Gnade mich erwürdigt,
kann rein mein Herz, rein mein Wort sein.
So lebe auf meinen Lippen würdig Dein Wort
und dringe, von Deinem Geist getragen,
zu denen, welchen es verkündigt werden soll.

Der linke Ministrant nimmt dem Priester die Casula ab.
Händeerhebung zum Altarbild während weitergesprochen wird.

Dein Segen, o Christus, ströme lebend durch das Wort;
Du mögest sein in meinem Herzen,
Dein Wort möge entströmen meinen Lippen.
So wird aus würdiger Quelle und in rechtem Strome
Dein Evangelium verkündet.

Der Priester - zur Gemeinde:

Christus in Euch.

Der rechte Ministrant:

Und Deinen Geist erfülle Er.

Der rechte Ministrant tritt mit dem Evangeliums-Buch vor den Priester, der sich zur Gemeinde gewendet hat.

Der Priester - zur Gemeinde:

Es wird nun verkündet das Evangelium
nach .... im ... Kapitel.

Der rechte Ministrant:

Es offenbare sich durch Dich, o Christus.

EVANGELIUMSLESUNG

Die Gemeinde steht auf zur Verlesung des Evangeliums.
Es wird die entsprechende Perikope des Jahresfestkreislaufes gelesen.

Der rechte Ministrant:

Wir erheben unsere Seele zu Dir, oh Christus.

Der Priester - zur Gemeinde:

Das Wort des Evangeliums löschet aus,
was unrein in unserem Worte lebt.

Der rechte Ministrant gibt das Buch zurück. Bevor er auf seinen Platz rechts geht, nimmt er vom linken Ministranten die Casula ab, damit dieser vom Priester die Stola in Empfang nimmt. Wird eine Predigt gehalten, erhält der Priester das Barett, die Stola wird dann erst danach abgenommen.

CREDO

Das Credo wird gesprochen, indem der Priester nur mit Talar, Alba, Gürtel bekleidet am Altar steht.

Ein allmächtiges, geistig-physisches Gotteswesen
ist der Daseingrund der Himmel und der Erden,
das väterlich seinen Geschöpfen vorangeht.
Christus, durch den die Menschen die Wiederbelebung
des ersterbenden Erdendaseins erlangen, ist zu diesem
Gotteswesen, wie der in Ewigkeit geborene Sohn.
In Jesus trat der Christus als Mensch in die Erdenwelt.

Jesu Geburt auf Erden ist eine Wirkung des Heiligen
Geistes, der, um die Sündenkrankheit an dem Leiblichen
der Menschheit geistig zu heilen, den Sohn der Maria zur
Hülle des Christus bereitete.

Der Christus Jesus hat unter Pontius Pilatus
den Kreuzestod erlitten und ist in das Grab der Erde
versenkt worden.

Im Tode wurde er der Beistand der verstorbenen Seelen,
die ihr göttliches Sein verloren hatten.

Dann überwand er den Tod nach dreien Tagen;
Er ist seit dieser Zeit der Herr der Himmelskräfte
auf Erden und lebt als der Vollführer der väterlichen
Taten des Weltengrundes.

Er wird einst sich vereinen zum Weltenfortgang
mit denen, die Er durch ihr Verhalten dem Tode der
Materie entreißen kann.

Durch ihn kann der heilende Geist wirken.

Gemeinschaften, deren Glieder den Christus in sich
fühlen, dürfen sich vereinigt fühlen in einer Kirche,
der alle angehören, die die heilbringende Macht des
Christus empfinden.

Sie dürfen hoffen auf die Überwindung der Sündenkrankheit, auf das Fortbestehen des Menschenwesens und auf
ein Erhalten ihres für die Ewigkeit bestimmten Lebens.

Nach dem

Ja, so sei es.

des Priesters, bringt der linke Ministrant wieder die Stola heran.
Der rechte Ministrant kommt währenddessen auch herüber, um die Casula an den linken
Ministranten abzugeben. Dieser umkleidet den Priester wieder damit.

Der Priester - zur Gemeinde:

Christus in Euch.

Der rechte Ministrant:

Und Deinen Geist erfülle Er.

Der rechte Ministrant trägt das Messbuch wieder auf die rechte Seite außen.

O P F E R U N G

Bekreuzigung:

Der Vatergott sei in uns.
Der Sohnesgott schaffe in uns.
Der Geist-Gott erleuchte uns.

Der Priester deckt den Kelch ab, dann Bekreuzigung,
und spricht von der rechten Seite außen:

Empfange göttlicher Weltengrund,
webend in Raumesweiten und in Zeitenfernen,
dieses Opfer, durch mich, Dein unwürdiges Geschöpf,
Dir gebracht.
Ich bringe es, weil zu Dir auch geflossen sind
meine Abirrungen von Dir,
meine Verleugnungen Deines Wesens,
meine Schwächen.
Mit mir bringen es alle, die hier weilen.
Mit mir mögen es bringen alle wahren Christen
die geboren sind.
Mit mir mögen es bringen alle, die verstorben sind,
auf dass sie nicht begraben ihr Ewiges um ihres
Zeitlichen willen.

Der rechte Ministrant:

Ja, so sei es.

Der linke Ministrant reicht das Tablett mit Wasser und Wein, während der Priester den
Kelch abdeckt und aus der Mitte nach rechts trägt, und weiter spricht. Wenn der Kelch
gefüllt ist, geht der Priester zurück zur Mitte.
In diesem Augenblick hebt der rechte Ministrant das Messbuch von außen in die Mitte
rechts.

Göttlicher Weltengrund, der gefügt hat aus seinen
Wesensgliedern der Menschheit Wesen in dem
Übersinnlichen, und der Du verwandelt hast
das Gefügte,
zu Dir wende sich mein Wollen;

es entspringe dieses Wollens Kraft aus einem Fühlen,
das sich eint

nun wird zuerst der Wein, dann das Wasser eingegossen

mit Christus, der da lebt in Deinem Leben;
und es lebe mein Denken in des Heiligen Geistes Leben
durch alle folgenden Erdenkreise.

Erhebung des Kelches von der Altarmitte aus

Dir sei geopfert, o Weltengrund, dieser Trank der
Gesundheit. Er belebe das Gute, auf dass auch zu den
Himmeln sich heben kann, was zur Erde gefallen ist.
Der Wohlgeruch steige auf, wie dies gottgewollte Wesen
abgestiegen ist.

Der rechte Ministrant:

Ja, so sei es.

Der Kelch wird auf den Altar gestellt.

Wir alle nahen Dir mit der Seele, o Christus,
auf dass Du uns mit Dir opferst
und unserem Tage Dein Licht scheine,
und Du uns annehmen mögest.

Der linke Ministrant bringt das Weihrauchgefäß,
der Weihrauch wird vom Priester auf die glühende Kohle gestreut,
das Gefäß übernommen, während er weiter spricht

Komme zu uns, Geist der Raumesweiten
und der Zeitenfernen
und heilige unser Opfer mit Deinem heiligen Wesen.
Unser Urständen im Geiste möge den Rauch erfüllen
mit segnendem Geiste,
dadurch dass Christus lebet
in unserem Beten.

Der rechte Ministrant:

Ja, so sei es.

Der Kelch wird umräuchert.

Christus in uns.

Aus durchchristeter Seele steige der Rauch empor
und zu uns steige hernieder Deine Gnade.
Christus in uns,
Christus in unserem Gebet.
Unser Gebet sei für Dein Ohr.

Die Hände werden erhoben - dazu nimmt der linke Ministrant, der immer noch oben am Altar steht, dem Priester das Räuchergefäß ab.

Christus in unserem Händeheben.
Des Christus Licht in unserem Tageslicht.

Der Priester empfängt das Weihrauchgefäß wieder..

Vor meinem Munde sei die Schwelle behütet;
eine Mauer hindere meine Irrung,
um mich zu strömen.
Alles Böse sei meinen Worten entnommen
und guter Wille ergieße sich in sie.

Der linke Ministrant erhält das Gefäß wieder zurück, geht hinunter auf die rechte Seite und wartet damit dort.

In dem Opfer entstehe das Feuer
der wesenschaffenden Liebe,
und die Flamme erzeuge zeitloses Sein,
auf dass das Gute bestehe.

Der rechte Ministrant:

Ja, so sei es.

Der Priester - zur Gemeinde:

Christus in Euch.

Der rechte Ministrant:

Und deinen Geist erfülle er.

*Das Buch wird vom rechten Ministranten
von rechts innen nach links innen getragen.
Dann kommt der linke Ministrant mit dem Räuchergefäß wieder zum Priester
- der legt weiteren Weihrauch auf - es folgt die*

STILLE RÄUCHERUNG

*Danach nimmt der linke Ministrant das Räuchergefäß wieder entgegen
und hängt es auf seinen Platz zurück, und geht selbst wieder auf seinen Platz
auf der linken Seite.*

W A N D L U N G

Bekreuzigung:

Der Vatergott sei in uns.
Der Sohnesgott schaffe in uns.
Der Geist-Gott erleuchte uns.

Unser Gebet dringe zu Dir, o Weltengrund,
durch Jesus Christus, Deinen Sohn, unseren Herrn.
Dein Segen strahle über das reine Opfer,
das in Liebe getane Opfer,
das mit gutem Willen vollbrachte Opfer.
Empfange es aus unserem reinen Denken,
unserem liebenden Herzen,
unserem wollenden Hingeben.
Wir einen uns zu dem Opfer,
auf dass wir die Gemeinschaft des Christus seien.
Er sei in uns, Er,
der die Herzen friedlich macht,
die Willen stärkt, die Menschen einet.
So schenke Er Einigkeit Seinen Bekennern;
Er schenke sie allen, die nach Ihm blicken
und Ihm folgen wollen.
Fühle segnend, o Christus, das Bekenntnis zu Dir
und höre unser Beten,
die wir vereiniget sind in Deinem Namen.
Empfange, o Vatergott, das Christus-Opfer so,
wie es sich beleben möge in uns, durch uns.

Es sei gebracht
zur Erlösung der Seelen,
zur Erlangung wahren Heiles
zum Wandeln mit Christus.
Unser Beten eine sich mit Allen,
die Christus in sich belebend uns vorangingen;
ihre schützende Kraft erstrahle uns.
Christus in uns.
Erhöre, o Vatergott, unser Beten
um Aufnahme unsres Opfers;
Es sendet Dir dieses Opfer
die christliche Gemeinde,
die da erkennet in Freiheit
Christus als ihren helfenden Führer.
Christus in uns.
Lasse leben, o Vatergott, in diesem Christusopfer
den Leib und das Blut
Deines in Liebe wesenden Sohnes.

*Nun wird die Wandlungszeremonie vollzogen. Der Priester kniet nieder,
die Hostie wird emporgehoben.*

Er hat genommen vor dem schmerzvollen Hingange
Das Brot zur Offenbarung des Heiles
und Er blickte auf zu Dir, Seinem Vater,

Der Priester richtet sich wieder auf.

Dir dankend und Seine Seele damit einend,
So gab Er es den Jüngern zur Speise.

*Die Hostie wird gebrochen, ein kleines Dreieck herausgenommen
und mit dem Wein und dem Wasser im Kelch vermischt.*

Und er sprach:
Nehmet hin mit dem Brote meinen Leib.
Er hat genommen nach der Wegzehrung
mit dem Brote

Der Priester kniet wieder, der Kelch wird erhoben.

den Kelch zur Erkraftung des Heiles

Und er blickte auf zu Dir,
Seinem Vater,
Dir dankend und Seine Seele damit einend.
So gab Er ihn den Jüngern zum Tranke.

Der Priester richtet sich wieder auf.

Und Er sprach:
Nehmet hin mit dem Weine mein Blut.

Die Zeremonie ist vollzogen.

Und Er fuhr fort:
Mit diesem Worte ist das Göttliche
wieder gegeben den Menschen:
denn es wird am Kreuze tragen der Leib
das neue Bekenntnis;
und es wird vom Kreuze fließen im Blute
der neue Glaube.
Nehmet dieses auf in Euer Denken.
Und so lebe in unsern Gedanken:
Das neue Bekenntnis
Der neue Glaube -
So denket in uns Christi Leidenstod;
Seine Auferstehung;
Seine Offenbarung
durch alle folgenden Erdenzeiten.

Dir, o Vatergott sei das Opfer gebracht,
in Reinheit denkend
auf Heil hoffend
aus Christus handelnd

Christus walte:
im Heil-tragenden Brot
Im Kraft-spendenden Wein.

Du, o Vatergott, empfingest dereinst die Opfer derer,
die noch nicht Christus hatten;

so wolle empfangen das Opfer derer,
die es in Christi Namen, Wesen, Kraft bringen.
Deines Geistes Gnade-Kraft
wirke erdenwärts
wie dieses Opfer strebet himmelwärts.
Lasse sein das Brot Christi Leib

Die Patene wird erhoben.

Lasse sein den Wein Christi Blut.

Der Kelch wird erhoben.

Wir möchten so opfern dadurch,
dass Christus ist in uns.
Und einen möchten wir uns betend
mit denen, von denen Du empfingest
vor uns Deines Sohnes Opfer.

Wir können vor Dir nicht Werke tun;
Wir möchten vor Dir die Sünde besiegen
durch Christus, durch den Du, o Vatergott
Schaffest, gesundest, und durchseelest
durch Christus, durch den Du,
im Verein mit dem heilenden Geist vollziehest
die Offenbarung, die Raumesordnung, den Zeitenlauf.

Der rechte Ministrant:

So sei es.

Der Priester - zur Gemeinde:

Christus in Euch.

Der rechte Ministrant:

Und deinen Geist erfülle er.

VATER UNSER ,...
Der Du bist in den Himmeln.

Geheiliget werde Dein Name,
Dein Reich komme zu uns,
Dein Wille geschehe, wie oben in den Himmeln,
also auch auf Erden.
Unser alltägliches Brot gib uns heute,
und vergib uns unsere Schulden,
wie wir vergeben unseren Schuldigern,
und führe uns nicht in Versuchung,
sondern erlöse uns von dem Bösen.
Ja, so sei es. Amen.

Das Buch wird vom rechten Ministranten auf die rechte Seite innen getragen

K O M M U N I O N

Bekreuzigung:

Der Vatergott sei in uns.
Der Sohnesgott schaffe in uns.
Der Geist-Gott erleuchte uns.

Du hast, o Christe, zu den mit Dir Wandelnden
gesprochen:
Friedvoll stehe ich zur Welt; dieser Friede mit der Welt
kann auch bei euch sein, weil ich ihn euch gebe.
So erkrafte, o Christe, das in mir,
was der Sünde Last sich entringt
und im Denken und Wollen sich mit Dir verbindet,
auf dass es friedvoll stehe zur Welt
und sich eine mit ihrem Werden,
das geschehen kann durch Dich
in allen folgenden Zeitenkreisen.

Der rechte Ministrant:

Ja, so sei es.

O Christe, der Du ohne Krankheit
ausgegangen vom Vatergott,
und der Du den Menschengeistern
mit dem heilenden Geiste das Weiterleben schenkest,
dämpfe durch Deinen heiltragenden Leib
die Macht der Sündenkrankheit;
und stärke mich in der ringenden Seele
durch Dein heilspendendes Blut,
auf dass ich immer weiter lebe mit Dir.
Du, der Du das Leben der Welt
tragest und ordnest,
wie Du es vom Vater empfängst
und durch den Geist gesund machest
in allen folgenden Zeitenkreisen.

Der rechte Ministrant:

Ja, so sei es.

Das Empfangen Deines Leibes, o Christe, sei mir,
der krank ist, nicht zum Tode;
sondern zum Leben der Seele und meiner Bildekräfte
als die heilende Arzenei.
Das sei durch Dich, der Du
das Leben der Welt tragest und ordnest,
wie Du es vom Vater empfängst
und durch den Geist gesund machest
in allen folgenden Zeitenkreisen.

Der rechte Ministrant:

Ja, so sei es.

Ich nehme das Brot und tue dies in des Herrn Namen,
rufend: O Christe, krank ist die Behausung,
in die Du eintrittst;
aber durch Dein Wort wird meine Seele gesund.

Ich nehme das Brot und tue dies in des Herrn Namen,
rufend: O Christe, krank ist die Behausung,
in die Du eintrittst;
aber durch Dein Wort wird meine Seele gesund.

Ich nehme das Brot und tue dies in des Herrn Namen,
rufend: O Christe, krank ist die Behausung,
in die Du eintrittst;
aber durch Dein Wort wird meine Seele gesund.

Der Priester nimmt das Brot zu sich.

Des Herrn Leib gesunde meine Seele,
auf dass sie weiter lebe.

Der rechte Ministrant:

Ja, so sei es.

Nehme mich hin dafür, dass Du Dich mir gegeben.

Ich nehme den Kelch und tue dies
in des Herrn Namen, rufend,
o Christe, zu dem bekenne ich mich,
was durch Dich geoffenbaret ist,
und des Menschen Widersachers Macht
nimmst Du von mir.

Ich nehme den Kelch und tue dies
in des Herrn Namen, rufend,
o Christe, zu dem bekenne ich mich,
was durch Dich geoffenbaret ist,
und des Menschen Widersachers Macht
nimmst Du von mir.

Ich nehme den Kelch und tue dies
in des Herrn Namen, rufend,
o Christe, zu dem bekenne ich mich,
was durch Dich geoffenbaret ist,

und des Menschen Widersachers Macht
nimmst Du von mir.

Der Priester trinkt aus dem Kelch.

Des Herrn Blut erhalte stark meine Seele,
auf dass sie in der Zukunft nicht sterbe.

Der rechte Ministrant:

Ja, so sei es.

Was mein Mund empfangen,
es sei in meiner Seele ergeistet,
und, was in der Zeit geopfert,
es wandle sich in ewige Arzenei.
Dein Leib, o Christe,
den ich empfangen,
und Dein Blut, das mich belebt,
sie mögen mich durchdringen,
auf dass geheilet werde die Sündenkrankheit
durch die gesundende Arzenei, das Sakrament.
Es geschehe durch Dich,
der Du das Leben der Welt tragest und ordnest,
wie Du es vom Vater empfängst
und durch den Geist gesund machest
in allen folgenden Zeitenkreisen.

Der rechte Ministrant:

Ja, so sei es.

*Zur Gemeindekommunion kommt der Priester zuerst mit der Brotschale
(die Hostie wird auf die Zunge gelegt) und danach mit dem Kelch zur Gemeinde herunter.
Zur Austeilung spricht er:*

Der Leib des Christus, den ihr empfanget,
Und das Blut des Christus, das euch belebt,
Sie mögen euch durchdringen,
auf dass geheilet werde die Sündenkrankheit

durch die gesundende Arzenei, das Sakrament.
Es geschehe durch Dich,
der Du das Leben der Welt tragest und ordnest,
wie Du es vom Vater empfängst
und durch den Geist gesund machest
in allen folgenden Zeitenkreisen.

Der rechte Ministrant:

Ja, so sei es.

*Der Priester spricht den Friedensgruß zum Kommunikanten,
wobei mit den Fingern der rechten Hand die linke Backe berührt wird:*

Der Friede sei mit Dir.

Der Priester - zur Gemeinde:

Christus in Euch.

Der rechte Ministrant:

Und Deinen Geist erfülle Er.

E P I S T E L

*Diese wechselt entsprechend den Jahreszeiten
- siehe GA 345, S. 76ff, bzw. hier S. 27ff.*

*Das Buch wird vom rechten Ministranten
von rechts innen nach rechts außen gestellt.*

Bekreuzigung:

Der Vatergott sei in uns.
Der Sohnesgott schaffe in uns.
Der Geist-Gott erleuchte uns.

Im Bewusstsein unserer Menschheit
erfühlen wir den Göttlichen Vater.
Er ist in allem, was wir sind.
Unsere Substanz ist seine Substanz.
Unser Sein ist sein Sein.

Er geht in uns durch alles Dasein.
Im Erleben des Christus in unserer Menschheit
erfühlen wir den Göttlichen Sohn.
Er waltet als das Geistwort durch die Welt.
Er schafft in allem, was wir schaffen.
Unser Wesen ist sein Schaffen.
Unser Leben ist sein schaffendes Leben.
Er schafft durch uns in allem seelischen Schaffen.

Im Ergreifen des Geistes durch unsere Menschheit
erfühlen wir den heilenden Gott.
Er leuchte als das Geist-Licht durch die Welt.
Er leuchte in allem, was wir schauen.
Unser Schauen sei durchtränkt von seinem Geist-Lichte.
Unser Erkennen nehme Er wohlgefällig
in Sein geistleuchtendes Leben auf.
Er durchgeistige alles Walten unserer Menschenseele.

Der Priester - sich umwendend:

Christus in Euch.

Der rechte Ministrant:

Und Deinen Geist erfülle Er.

Der rechte Ministrant holt das Buch vom Altar, geht herunter und bleibt unten vor den Stufen in der Mitte mit Blick zum Altar stehen.
Der linke Ministrant holt das Barett und stellt sich unten links neben den rechten Ministranten, so dass der Priester der mit dem wieder zugedeckten Kelch und Brotschale herunterkommt, zwischen beiden Platz findet.
Er spricht mit Blick zur Gemeinde:

Die Menschen-Weihehandlung, das war sie.

Dann wendet er sich um, schließt das Messbuch, erhält das Barett, setzt es wieder auf und mit den Ministranten voran, wird der Raum verlassen.

Der linke Ministrant kommt noch einmal herein und löscht die Kerzen aus.

Anmerkung:

Wenn nichts vermerkt ist, spricht bzw. handelt der Priester.

Quellen:

Alle Texte (außer Handlungsanweisungen) Rudolf Steiner;
siehe u.a. GA 343, S.414ff und GA 344
und Angaben von Priestern der «Christengemeinschaft».

Zeilenumbrüche sind im – nicht öffentlichen – offiziellen Kultusbuch
der Priester anders!
Wir folgen hier dem Zeilenumbruch und dem Text Rudolf Steiners
im Begründungskurs (GA 343).
Daher sind geringe (unwesentliche) Details im Text gegenüber
der gegenwärtigen Handhabung der «Christengemeinschaft» anders.
Deshalb: Ohne Gewähr!

FORUM KULTUS

*Tauschen Sie die entsprechende Epistel
mit der Trinitatis-Vorgabe im Text der Menschenweihehandlung aus.*

DIE EPISTELN

TRINITATIS-ZEIT
(Die Zeit zwischen den Festen)

Im Bewusstsein unserer Menschheit erfühlen wir
den Göttlichen Vater.
Er ist in allem, was wir sind.
Unsere Substanz ist seine Substanz.
Unser Sein ist sein Sein.
Er geht in uns durch alles Dasein.
Im Erleben des Christus
  in unserer Menschheit
  erfühlen wir den Göttlichen Sohn.
Er waltet als das Geistwort durch die Welt.
Er schafft in allem, was wir schaffen.
Unser Wesen ist sein Schaffen.
Unser Leben ist sein schaffendes Leben.
Er schafft durch uns
  in allem seelischen Schaffen.
Im Ergreifen des Geistes
  durch unsere Menschheit
  erfühlen wir den heilenden Gott.
Er leuchte als das Geist-Licht durch die Welt.
Er leuchte in allem, was wir schauen.
Unser Schauen sei durchtränkt von seinem
  Geist-Lichte.
Unser Erkennen nehme Er wohlgefällig in
Sein geistleuchtendes Leben auf.
Er durchgeistige alles Walten
  unserer Menschenseele.

EPISTEL ADVENT
(Datum Adventszeit)

Sinnend werden unsere Seelen,
Indem wir vor dem Altare stehen;
Die Menschen-Weihe-Handlung
Wird zur Geistes-Ahnung;
Der Seelenschleier legt sich
Vor das Schauen des Geistes-Auges.
Es wird still vor dem Geistes-Auge,
Es wird hörbar in dem Seelengrunde
Das Walten des Welten-Vatergrundes.
Die Weltenruhe um uns
Erfüllt sich mit dem hörbaren Walten,
Das verheißend spricht
Im hoffenden Menschenherzen.
Göttliche Weltenmacht,
Die DU glänzest im Sonnenwagen
Die DU leuchtest im Farbenbogen,
Der den Himmel umspannt:
DU sprichst im Seelen-Innern.
Doch DEIN Sprechen
Ist nicht gegenwärt'ges Tönen,
Ist Zukunftwort, das leise
In die Gegenwart sich trägt.
Ein werde spricht es
Und ahnend erweckt es
Das Bild des Menschen-Werdens
In dem Gottes Werden sich birgt.
Gottes-Werden, das in Gnade
Unsere Irrtümer huldvoll
In die eigne göttliche Seele
Erlösend bergen will.
Empfinden kann unser Herz,
Das Heil, das im Weltenschoße

Verheißend keimt,
Das im Seelen-Innern
Der Welten-Geheimnisse
Menschen-tröstend
Prophetisch in dunkler Weltennacht
Spricht, kündend sein Wirken
Im Erdenreich,
Wirkend im Erdenreich,
Das prophetisch spricht
Im Glänzen des Sonnenwagens
Im Leuchten des Farbenbogens,
Der den Himmel umspannt.

(Als Evangelium lesen : Luk.21 : Es werden Zeichen sein …
Dann einfügen [von der Altarmitte aus, nach dem Chr. in euch] :)

Dämmerung waltet
Im Umkreis des Alls
Das Glänzen des Sonnenwagens,
Das Leuchten des Farbenbogens,
Der den Himmel umspannt:
Sie dämmern in die Weiten;
Ahnung wird aus Dämmerung,
Sonnenwagen=Leuchten,
Farbenbogen=Glänzen
Erzeugen sich neu;
Heil unserem Ahnen,
Heil unserem Hoffen,
Heil dem Lichtgeborenen,
Heil dem Farbengetragenen
Ewigen, göttlich-waltenden Worte.

Rudolf Steiner
Siehe auch GA 345/S.76-81, Archivnr. NZ 3547-3549,
gegeben 10/1923.

EPISTELN FÜR WEIHNACHTEN :

EPISTEL FÜR DIE ERSTE MESSE

In die Erden-Nacht
In die Sinnen-Finsternis
Strahlet des Geistes
Heilendes Gnadenlicht.
Es erstrahlet uns
Wenn wir wandeln
Leibbefreit im Geisterland
Nachdem das Herz in uns
Es gefühlet im ahnendem Gebete.

EPISTEL FÜR DIE ZWEITE MESSE

Väterlicher Weltengrund :
Unsere Seele
Erfühlet das Nahen
Des heilenden Schöpferwortes;
Segnend erströme uns seine Kraft,
Auf dass es berühre unsere sprechende Lippe,
Und erwärme unser sprachetragendes Blut
Und erstarke unser geistergebenes Wollen
Durch alle künftigen Zeitenkreise.

EPISTEL FÜR DIE DRITTE MESSE
(Datum: bis Epiphanias 5. 1.)

Christus, des väterlichen Weltengrundes
Offenbarender Schöpfergeist
Hat den Erdenleib erkoren,
In dem er wohnen mag,
Zu lösen den Menschen
Von trügendem Scheinlicht,

Zu lösen den Menschen
Von würdeloser Sinnensucht
In allen künftigen Zeitenkreisen.

EINSCHUB BEI DER DRITTEN MESSE
(nach der Opferung, Mitte des Altars, Gesicht dem Altar zugewendet)

Väterlicher Urgrund alles Seins
Indem durch das Wort,
  das im Erdenleib gelebt
Unserem geistigen Schauen das Licht
  Deiner klaren Leuchtkraft
  sich erschlossen hat,
Auf dass wir das Göttliche
Sichtbarlich erkennen
Und dadurch für das Unsichtbare
  unsere Liebe
  sich entzünde :
Stimmen wir ein
In den Opfersang
Der Engel, Erzengel, der Urkräfte,
  der Offenbarer, der Weltenkräfte,
  der Weltenlenker, der Throne, der Cherubine
  und Seraphine
Der ertönt, auf dass Du offenbar werdest;
Und durch alle Zeitenläufe
Ertöne es: Heilwirkendcs ist durch Dich.

NACH DEM STAFFELGEBET
BEI ALLEN DREI MESSEN

(Mitte des Altars, Gesicht gegen die Gläubigen)

Erkennet es :
Der Christus ist im Erdenreich erschienen,
  Schauet in ihm :
Den Heilbringer der Erdenmenschen,

Durch ihn ist offenbar worden :
  Der Vatergrund alles Seins.

Rudolf Steiner
Siehe auch GA 345/S.82-89, Archivnr. NZ 3585-3588,
gegeben 12/1922.

EPISTEL EPIPHANIAS
(Datum: ab 6.1. vier Wochen)

Aus den Weltenweiten
Erschien der Gnaden-Stern
Zu fügen Herz-Erwärmung
Zur Geist-Erleuchtung
Im Menschenwesen.
In das Gnaden-Licht
In des Christus-Sternes
Begnadenden Strahl
Möchten unsere Seelen
Ergeben dem ew'gen Vaterwillen
In Demut treten.
Vollbracht sei die heil'ge Weihe-Handlung
Im Seelen-Aufblick
Zu dem Sterne
Der die Engel rief
Zu künden
Den Welt-Weisen
Des Welten-Lichtes
Gnade-Erscheinung.
Unser's Gebetes Herzenslicht
Treffe sehnsüchtig
Des Gnadesternes Weltenlicht.
Und Leben im Christus

Erstehe im Menschen-Innern
Wenn in's Seelen-Auge dringt
Des Gnadensterns Geistes-Strahl.

(Als Evangelium: Math. 2 .
Nach der Evangeliumslesung, von der Altar-Mitte,
zur Gemeinde: in der entsprechenden Form (Chr. i.E.) eingerahmt:)

Es kündigten die Geistes-Welten
Sternstrahlend
Den suchenden
Menschenseelen
Des Heiles rechten Weg;
Es mögen finden die Menschen-Seelen
Herz=Liebe=strahlend
Den weg-weisenden
Welten-Gnade-Stern
Im göttlich-warmen
Heiles-Leuchten.

Rudolf Steiner
Siehe auch GA 345/S.90-93, Archivnr. NZ 3550-3551,
gegeben 1/1924.

EPISTEL DER PASSIONSWOCHEN
(Datum: ab Sonntag, drei Wochen vor der Karwoche)

O Mensch = es ist leer
die Stätte deines Herzens,
Du hast verloren
Den Geist, der dich wecket
Sehnsucht nach des Geistes Erweckung
Wellt im Blute dir
Entbehrung durch des Geistes Verlust
Wogt im Atem dir -

Trauernde Erwartung
Ist deines Bewusstseins Anteil.

(In der ganzen Passionszeit bis einschl. Karsamstag [4 Wochen]
nach dem Evangelium vor der Opferung. Der Zelebrierende in der Altarmitte,
Gesicht gegen den Altar:)

Siehe o Geist
Der Weltenfernen
Und der Erdennähe
Nicht des Bösen
Stachel im Herzen
Des Erdenmenschen
Siehe seiner Schwäche
Versuchende Macht -
Mein Ich liegt
Klagend am Boden
Erhebe es, o Geist
Der Weltenfernen
Und der Erdennähe.

EPISTEL IN DER KARWOCHE

O Mensch, es brennet
die Stätte deines Herzens
Du lebst in dem kalten
Geist verlass'nen
Erdenhause -
Betrübnis rieselt
Dir im Blute
Hoffnung allein
Strömt dir im Atem -
Eines Hoffnungsgrabes
Trauerstrahl
Dringet in deinen Blick.

EPISTEL DER OSTERZEIT
(Datum: ab Ostersonntag bis vor Himmelfahrt)

Das Grab ist leer
Das Herz ist voll,
Wärme wandelt
Des Herzens Schlag
In frohlockende
Heilende Kraft;
Deines Blutes Weben
Ist Erfüllung,
Deines Atems Wogen
Ist Geistestrost;
Der Tröster deines Erdenseins,
Wandelt im Geiste
Vor dir.

(Von Ostersonntag ab vor dem Evangelienlesen.
Das Buch bleibt auf der rechten Altarseite liegen.
Der Zelebrierende steht in der Mitte des Altars mit dem Gesichte
zum Altar die Arme sind etwas nach oben gehalten und ausgebreitet:)

Es lobet mein Herz
Den Gottesgeist,
Es fühlet mein Geist
Den Todbesieger,
Jubel ist meines Atems
Strömende Kraft,
Gnade ist meines Blutes
Lebendige Macht -

(Sich zur Gemeinde wendend:)

Euer Wort dringe
Geist-erweckt
Aus eurem Munde,
Christus ist euch
Als Erdensinn erstanden.

(Von Ostersonntag an nach dem Evangelium vor der Opferung.
Der Zelebrierende in der Altarmitte, Gesicht zum Altar, hocherhobene Hände,
etwas ausgebreitet, gesprochen mit großer Hingebung und Wärme:)

Es frohlocket
In Wonne
Der Kreis der Erdenluft,
Es lebt
In geistesleuchtender
Sonnenkraft
Der Erde Atem;
Christus ist eingezogen
In des Menschen
Frohlockenden
Lebenspuls;
Der Mensch findet
In der Wonne
Seiner hingebenden Seele :
Was in Kraft erstanden
Aus Todesketten,
Was im Lichte neugeboren
In Christi Leben,
Was heilet das Ich
In den Seelengründen.
Es lebet die Seele,
die tot war,
Es leuchtet das Ich
das finster war,
Es kraftet der Geist
der verschlossen war;
Es öffnet sich
der Seele Grab;
Zum Altar wird
der Seele Grab;
Christus opfert
Am Seelen-Altar,
Im Menschen=Geisteslichte,

Den Weltenfernen,
Der Erdennähe,
Jetzt und nach allen Zeitenkreisen.

Rudolf Steiner
Siehe auch GA 345/94-107, Archivnr. NZ 3571-3577,
gegeben 2/1923.

CHRISTI HIMMELFAHRT EPISTEL

(Datum: Himmelfahrt bis Samstag vor Pfingsten)

(An der Stelle des Staffelgebetes.)

Göttlicher Vatergrund,
Der Du walltest
Unter allen Wesen;
Du hast IHN gesandt,
Und Er hat Seine Sendung bekräftiget.
Durch Lehre, Leiden,
Durch Tod und Todes-Sieg.
Er lebet im Erdensein,
Verklärend das Erdensein
Mit Himmelssein;
Wir schauen mit Herzensscherkraft
Seine Erhöhung
Zum Himmelssein für das Erdensein.
Er wohne bei uns,
Indem Er wohnet bei Dir.
Mit Seiner Kraft
In unseren Seelen,
Wollen wir verrichten
Die Weihe-Handlung,
Aufblickend zu IHM.

(Als Evangelium soll gelesen werden:
Joh. 16: Bittet aus dem Herzen, so wird eurem Herzen gegeben.)
(Zwischen Evangelium und Offertorium:)

Es offenbaret sich
Christi Seelenkraft
In den Höhen,
Denen Er einverleibt
Das Erdensein.
Unsere Seelenaugen
Schauen Ihn
Im Wolkensein,
Segen spendend
Dem Erdensein.
Darob lobpreisen Ihn
Unsere Herzen
Und unser Preisgesang
Folge Seinen Spuren,
Auf dass wir seien
Die sich zu Ihm bekennen,
Durch alle Zeitenkreise.

EPISTEL FÜR PFINGSTEN

(Datum: zwei bis drei Wochen ab Pfingstsonntag)

Christus sendet
In unsere Seelen
Des Vatergrundes Geist,
Der da heilet
Als der Weltenarzt
Der Seelen Schwachheit
Und der Menschheit Gebreste.
Der Heilbringende Geist
Walte in dem Opferworte,

Segnend die Opfertat,
Die da wirket
In der Weihe-Handlung,
Die entstammet
Der Einsetzung Christi,
Die geschehe
In dem Lichte
Des Geistes,
Der da heilet,
Was krank sich erweiset
Im Erdensein.

(Es wird als Evangelium gelesen:
Joh. 14: Wer mich wahrhaft liebet, offenbaret meinen Geist)
Zwischen Evangelium und Offertorium:

Schauet die Flammen,
Sie sind des Geistes Offenbarung.
Es flamme das Wort
Der Weihe-Handlung,
Es flamme die Tat
Der Weihe-Handlung.
Die Flammen strahlen himmelwärts;
Sie erstrahlen aus Menschenherzen,
Die erfüllt von Christus
Ihr Wesen entzünden
In Lobesworte,
Das erfüllt vom Geiste,
Den Er herangezogen,
Dass Geistgeheilt
Menschen-Seelen
Gesund sich halten,
Durch alle Erden-Zeitenkreise.

Rudolf Steiner
Himmelfahrt und Pfingsten:
Siehe auch GA 345/108-115, Archivnr. 3559-3561, gegeben 9/1923.

EPISTEL FÜR JOHANNI
(Datum: ab Sonntag nach Johanni -24.6.-
vier Wochen)

Zu dem Vatergotte,
Dem allwaltenden,
Dem allsegnenden,
Ströme unsrer Seelen
Fromm = ergebener
Herzwarmer Dank.

In Ätherweiten wirket gnadestrahlend
Weltenlicht, in Fülle, in reifendem Glanze
Des Vatergottes allwaltende Kraft,
Des Vatergottes allsegnende Macht.

Sie wirken im flutenden Ätherlicht,
Sie schaffen in lebender Wesenswelt,
Sie reifen in der Welten-Mitte
Zur Menschen = erlösenden Christus-Sonne.

In des Sonnengeistes Ätherstrahlen
Zogest Du, unser Erretter
In des Erdenfeldes schuldbeladne,
Heilbedürft'ge Menschensaat.

Und der den Vatergeist
Im Umkreis seines Leibes
Demutvoll tragende
    IOANES,
Er sprach der Verkündigung
heiltragendes, schuldbewusstes
   Flammenwort.
Sein Gnadeahnendes Flammenwort,
Es brenne in unseren Herzen,
Verlangend nach Dir,
Der Du für uns Menschenschuldner [1]
Das Leben aus dem Tod geboren,

Auf dass wir leben
In reinen Äthersphären,
Die Schuldloses nur tragen können
auf den erglänzenden Geisteswellen.

Es offenbaret unseren Seelen
Der Licht = ersehnende,
Der Licht = erkennende,
Des Lichtes Gnadenstrahlung;

Es empfange unsere Seele
Den Lichtes = Spender,
Den Lichtes = Schöpfer,
In Lichtes = Liebe = Sinn.

(Nach der Opferung, vor der Wandlung:)

Sonnenlicht = entflammter,
Weltenlicht = ergebener,
Du, der den Vatergeist
Im Umkreis seines Leibes
Demutvoll tragender
   IOANES;
Heiles-Vor-Verkünder,
Schaue auf des Altares
Menschensegnende Tat,
Die wir vollbringen wollen,
Durch Christi Segen,
Der uns in Dir
Verkündet ist.

Rudolf Steiner
Siehe auch GA 345/116-121, Archivnr. NZ 3552-3554,
gegeben 12.6.1924.

EPISTEL FÜR MICHAELI

*(Datum: ab Sonntag nach Michaeli -29.9.-
vier Wochen)*

Unsere Seelenaugen schauen, da wir
In dieser Stunde vor dem Altar
Die Handlung der Menschenweihe
Im Herzen erleben sollen:
Das Antlitz dessen, der da ist
Selbst des Menschengottes Antlitz.
So stand er dereinst vor DEM,
Der Christus, den Menschenheiler
Aus Geistes-Höhen in Erdetiefen
Gnadevoll hat senden wollen.
So steht er in diesen Weltentagen,
Hell strahlend als Christi Antlitz,
Als Hüter vor dem Weiheopfer.
Die Gewalten, die den Menschengeist
In Erdensklavenketten fesseln wollen,
Tritt er unter seine Füße,
Die der Erdenschwere ledig sind.
Und aus Menschenherzen holet er
Die freie Kraft, die Irdisches
In Himmelshöhen läuternd
Und geistempfangend tragen kann.
Aus seinem Schein erstrahlet Ernst,
Ernst, der vor Christi Milde
Das Menschenherz dem Licht bereitet.
Wer ihn schaute noch vor Jahren
Erblickt' die strenge Hand
Drohend nach des Drachen Kraft gestreckt.
Wer ihn heute schaut, wird gewahr
Wie die Strenge gegen Feindgewalt
Er für Augenblicke wandelt:
Und seine Hand zum Wink gestaltet,

Dem Menschen deutet: Folge mir.
Ich führe dich zum höhern Ahnen
Der Lebens-Todestat auf Golgatha,
Die fortwirkend im Erdenmenschen,
In Zukunftszeiten schaffend
Dem Leben Licht bringen soll,
Dass im Erdenlichte nicht erlösche
Das Himmelslicht, das leuchten sollte
Wie vom Anbeginn, so jetzt
Und in allen Zeitenkreisen.

(Als Evangelium das von der Königlichen Hochzeit: Math. 22)
Und dann einfügen (von der Altarmitte aus, nach dem üblichen
Chr. in euch...) :

Der da steht vor dem Antlitz
Dessen, der durch Golgatha
Zu der Menschen Heilung ging [1] :
Er führe uns in die Seelentiefen,
Aus denen Christus seine Kraft
Geisttragend in Menschenherzen
Sendet, wenn Menschenfühlen,
In wahrer Heilessehnsucht,
Das Herzensfeuer recht entzündet.
Der da stand vor dem Vatergott,
Der da stehet vor dem Sohnesgotte:
Zu IHM sollen wenden sich
Unsere Herzen, dass der heilende Geist
In uns wirke, wie vom Anbeginn,
So jetzt und durch alle Zeitenkreise.

Rudolf Steiner, gegeben 9/1923.
Siehe auch: GA 345/122-127, Archivnr. NZ 3559-3561.

---

1) Dieses Wort ist im Original -in Steiners Handschrift- nicht eindeutig lesbar.
Die Interpunktion ist von Steiner teilweise nicht angegeben und hier im Text -subjektiv- ergänzt.

Erbarme Dich unseres Strebens,
dass wir vor Dir,
in Liebe und Glauben,
Gerechtigkeit und Demut
Dir folgen mögen,
in Selbstzucht und Treue und Mut
und in Stille
Dir begegnen.

Gib uns
reinen Geist,
damit wir Dich sehen,
demütigen Geist,
damit wir Dich hören,
liebenden Geist,
damit wir Dir dienen,
gläubigen Geist,
damit wir Dich leben.

Du, den ich nicht kenne,
dem ich doch zugehöre.
Du, den ich nicht verstehe,
der dennoch
mich weihte
meinem Geschick.

Du –

Dag Hammarskjöld

FORUM KULTUS

Zur «Christengemeinschaft»

Mit dieser Veröffentlichung muss auf kontroverse Positionen bezüglich der vorgestellten Texte und die Rolle der Kirche «Die Christengemeinschaft», insbesondere das Verhältnis zur Anthroposophie und anthroposophischen Bewegung hingewiesen werden:

- «Die Christengemeinschaft» war nicht als "Anthropo-sophen-Kirche" gedacht.

Rudolf Steiner als Gründungsberater und derjenige der die Kultustexte formulierte, konstituierte die «Christengemein-schaft» als «Vorschule zur Anthroposophie», für diejenigen, die den Weg in die Anthroposophischen Gesellschaft *noch* nicht finden würden. Die «Christengemeinschaft» sollte dritte Kraft zwischen den zwei großen Kirchen, der evan-gelischen und katholischen, werden.

Hier sollten die Sakramente wieder eine spirituelle Ver-tiefung erlangen, die sie im Intellektualismus der evangeli-schen Kirchen verloren hatten und andererseits sollte die Bekenntnis- und Lehrfreiheit, die in der Dogmatik und der Hierarchie der katholischen Kirche vermisst wurde, wieder hergestellt werden.

Das gelang nicht, die Klientel kam nicht; «Die Christen-gemeinschaft» blieb bis heute eine kleinste «Sondergemein-schaft», die sogar von der Ökumene abgelehnt wird.

Aber dafür kamen die Anthroposophen; die vermeinten nun endlich auch eine eigene, "anthroposophische" Kirche zu haben ... anstatt «spezifisch anthroposophische», nämlich überkonfessionelle Formen, die in Steiners «Philosophie der Freiheit» wurzeln, zu bilden. Und so wurde die «Christen-gemeinschaft» doch zur "Anthroposophen-Kirche", die da-durch erst recht außen stehende Interessenten abschreckt; eine Dramatik und Tragik für beide Seiten...

**- Die Sakramentstexte der Kirche «Die Christengemein-schaft» und des «Freien christlichen Impulses» sind fast identisch (außer dem Zentralsakrament);
sie "gehören" aber keinem von beiden.**

Die «Christengemeinschaft» erhebt einen Monopolan-spruch auf die von Steiner vermittelten Kultus-Texte; obwohl sie zuallererst "laien-priesterlich" verschiedenen Anthroposophen gegeben wurde.

Die Texte sind zwar fast wortgleich - für den kirchlichen, wie den allgemein-priesterlichen Weg - weil sie so universal sind, dass sie «für verschiedene Lebenszusammenhänge» (Steiner) handhabbar sind; wie z.B. das «Vaterunser» ja auch von allen Konfessionen gesprochen wird und allen, bzw. niemanden "gehört"...

**- Zwei unterschiedliche Wege:
Der überkonfessionelle, «freie christliche Impuls» Rudolf Steiners und «Die Christengemeinschaft».**

- «Die Christengemeinschaft» ist hierarchisch gegliedert (Erzoberlenker, Oberlenker, Lenker, Pfarrer). Sie ist als Körperschaft des öffentlichen Rechts organisiert. Der Priester spielt in der Gemeinde als deren Hirte (Kleriker/Laien-Prinzip) die zentrale Rolle: Nur der Priester darf die Sakramente vollziehen, aber auch ansonsten soll er Haupt der Gemeinde sein. Die Kultustexte sind unantastbar, un-veränderbar und dem Priester vorbehalten; der Gläubige hat nur im Kultus daran Anteil.

- Der «freie christliche» Kultus ist ein überkonfessioneller, allgemein-priesterlicher, "freier" «Impuls». Es gibt (außer für den Religionsunterricht in den Freien Waldorfschulen) keine Organisation, lediglich autonome Arbeitskreise (wie das «Forum Kultus»), ein individuelles Handeln. Ein jeder ist brüderlich gleichgestellt ("Laienpriestertum") und kann jedes Sakrament ausführen und entsprechend den Be-dürfnissen und Möglichkeiten der Beteiligten ausformen.

Der Impuls hat seine Wurzeln in der «moralischen Intuition» eines «ethischen Individualismus» (siehe Steiners «Philosophie der Freiheit»).

Auch kultus-historisch ist er weitergeschritten: im Zentral-sakrament («Opferfeier») von der «indirekten Kommunion» (über den "Umweg" von Brot und Wein) der Kirchen zur «direkten» (Wandlung von Leib und Blut des Kommuni-kanten direkt).

Mit der Begründung der «Christengemeinschaft» schlief dieser Impuls ein und wurde erst Pfingsten 1998 von kultisch engagierten Anthroposophen («Forum Kultus») wieder aufgegriffen und verfügbar («Kultushandbuch», Info-buch «frei + christlich» und Arbeitskreis) gemacht.

- Fragen ?

Diese Skizze wirft nun viele Fragen im Detail auf...

Sie finden die Thematik ausführlich behandelt im

Informations-Buch «frei + christlich»
(BoD-Verlag, ISBN 978-3-8370-4307-5)

oder als Zusammenfassung in der Informations-Broschüre «Nachkirchliches Christ-Sein»
(BoD-Verlag, ISBN 978-3-8423-6570-4);

speziell zur Frage des Verhältnisses der «Christengemein-schaft» zur Anthroposophie und anthroposophischen Be-wegung die Broschüre:
«Anthroposophie und Kirche»
(BoD-Verlag, ISBN 978-3-8423-5514 6).

Im Internet finden Sie das Forum Kultus unter
www.Forum-Kultus.de

Literaturhinweise

DIE SAKRAMENTE
in der freien christlichen Fassung Rudolf Steiners
Zusammengestellt von Volker David Lambertz,
Alle allgemein(="laien")-priesterlich möglichen Sakramentstexte Rudolf Steiners
und weitere Hinweise und Texte. Die allermeisten der hier zusammengestellten
(sieben) Sakramente, sind textlich in der Regel identisch mit denen, die «Die Christen-
gemeinschaft» von Rudolf Steiner dann auch erhalten hat.
DIN A6, Leinenausgabe, 350 Seiten / DIN A5, gekürzt, Leinenausgabe, 208 S.
Pro-Drei-Verlag, Beuron, (A6) ISBN 3-00-007899-1 / 978-3-0000-7899-6
oder über Förderkreis Forum Kultus, Post@Forum-Kultus.de
Auch einzelne Sakramentstexte erhältlich.

FREI + CHRISTLICH - FREIE SAKRAMENTE HEUTE ?
Fragen nach einem freien christlichen, anthroposophisch sakramentalen Handeln
heute - unter Berücksichtigung des Verhältnisses zur «Christengemeinschaft»
Ausführliche Behandlung der Thematik mit allen wesentlichen Beiträgen.
360 S., BoD-Verlag, ISBN 978-3-8370-4307-5

NACHKIRCHLICHES CHRIST-SEIN
Eine Zusammenfassung zum Freien christlichen Impuls Rudolf Steiners
(Mit einer Skizze der Thematik in Englisch)
104 S., BoD-Verlag, ISBN 978-3-8423-6570-4

ANTHROPOSOPHIE UND KIRCHE
Zum Verhältnis von Christengemeinschaft und Anthroposophie und anthropo-
sophischer Bewegung (Vortrag Rudolf Steiners vom 30.12.1922)
52 S., BoD-Verlag, ISBN 978-3-8423-5544-6

VOM GEISTESWISSENSCHAFTLICHEN SINN DES KULTISCHEN
IN : ZUR GESCHICHTE UND AUS DEN INHALTEN DER
ERKENNTNISKULTISCHEN ABTEILUNG DER ESOTERISCHEN SCHULE
Kapitel ZUR EINFÜHRUNG
Hella Wiesberger, Rudolf Steiner-Verlag, GA 265, ISBN 3-7274-2650-0

VORTRÄGE UND KURSE ÜBER CHRISTLICH-RELIGIÖSES WIRKEN
ANTHROPOSOPHISCHE GRUNDLAGEN FÜR EIN
ERNEUERTES CHRISTLICH-RELIGIÖSES WIRKEN
Rudolf Steiner, Rudolf Steiner-Verlag, Dornach, GA 342 - 346
Die Kurse, die zur Begründung der «Christengemeinschaft» führten.
In dieser Ausführlichkeit etwas für Spezialisten.

ZUR FRAGE DER CHRISTLICHKEIT DER CHRISTENGEMEINSCHAFT
Evangelischer Oberkirchenrat, Stuttgart
Markstein Verlag, ISBN 3-935129-14-9

ABSCHIED VON DER GEMEINDE
Aus der Sicht eines Priesters der Christengemeinschaft
Andreas Laudert, Futurum-Verlag, ISBN 978-3-85636-223-2

Adressen

FÖRDERKREIS FORUM KULTUS
Initiative für ein freies, anthroposophisch + sakramental vertieftes
Christ-Sein heute
Herrensteig 18, D-78333 Wahlwies,
www.forum-kultus.de -
post@forum-kultus.de

Anthroposophische Gesellschaft
Rudolf Steiner-Haus, Zur Uhlandshöhe 10, D-70188 Stuttgart
www.Anthroposophische-Gesellschaft.org   -
Info@Anthroposophische-Gesellschaft.org

Die Christengemeinschaft
Pfeifferstraße 4, 34121 Kassel
www.Christengemeinschaft.de - Kontakt@Christengemeinschaft.de

BoD-Verlag
In de Tarpen 42, D-22848 Norderstedt
www.BOD.de - Info@Bod.de

Pro-Drei-Verlag
Panoramastr. 22, D-88631 Beuron-Hausen
www.Pro3-Verlag.de - ProDrei@Pro3-Verlag.de

Verlag für Anthroposophie
Blumenweg 3, CH-4143 Dornach
www.v-f-a.ch - Info@v-f-a.ch

Aus dem Ernst der Zeit
muss geboren werden
der Mut zur Tat.

Rudolf Steiner

FORUM KULTUS

Wo zwei oder drei
in meinem Namen
versammelt sind,
da bin Jch
mitten
unter ihnen.

Matt. 18,20

Leben
in der Liebe
zum Handeln
und Lebenlassen
im Verständnisse
des fremden Wollens
ist die Grundmaxime
der freien Menschen. ..

Rudolf Steiner
Die Philosophie der Freiheit

Gott ist die Liebe.
Und wer in der Liebe ist,
der ist in Gott und Gott in ihm.

Arbeitsmaterial zur Kultus-Frage